GLÜCK WÜNSCHE ICH DIR

Glück ist eine STILLE STUNDE,
Glück ist auch ein gutes Buch,
Glück ist SPASS in froher Runde,
Glück ist freundlicher Besuch.

Glück ist NIEMALS ortsgebunden,
Glück kennt keine Jahreszeit,
Glück hat IMMER der gefunden,
der sich seines Lebens freut.

CLEMENS BRENTANO

Worte, die das Herz beflügeln

Kleine Ermutigungen für die Seele

benno

NICHTS IN DER WELT IST SO **ANSTECKEND** WIE **LACHEN** UND GUTE LAUNE.

CHARLES DICKENS

GLÜCKLICH IST,
WER SICH BEI SONNENUNTERGANG ÜBER DIE AUFGEHENDEN STERNE FREUT.

ADALBERT LUDWIG BALLING

Wenn ich einen grünen Zweig im Herzen trage, wird sich ein Singvogel darauf niederlassen.

Chinesisches Sprichwort

WENDE DEIN GESICHT DER **SONNE** ZU,

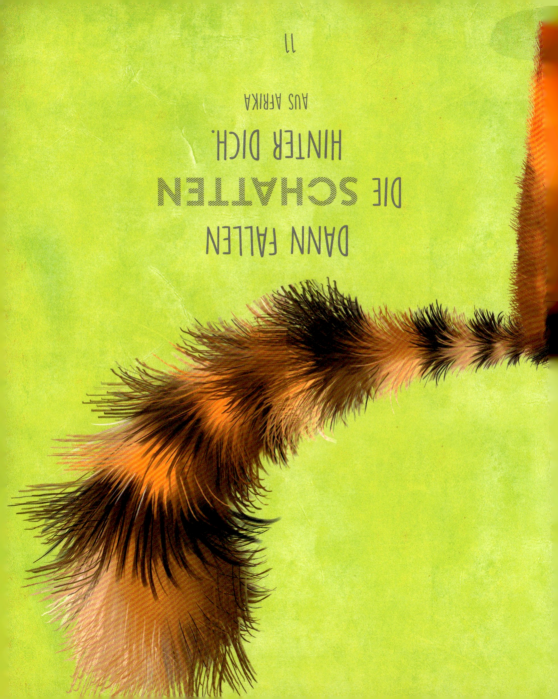

DANN FALLEN DIE SCHATTEN HINTER DICH.

AUS AFRIKA

**MAN SIEHT NUR MIT DEM HERZEN GUT.
DAS WESENTLICHE
IST FÜR AUGEN UNSICHTBAR.**

ANTOINE DE SAINT-EXUPÉRY

GLÜCKLICH MACHEN
IST DAS **HÖCHSTE GLÜCK**
ABER AUCH DANKBAR EMPFANGEN KÖNNEN
IST **EIN GLÜCK**

THEODOR FONTANE

ARTHUR SCHOPENHAUER

DER HEITERKEIT SOLLEN WIR, WANN IMMER
SIE SICH EINSTELLT, TÜR UND TOR ÖFFNEN,
DENN SIE KOMMT NIE ZUR UNRECHTEN ZEIT.

DER HUMOR NIMMT DIE WELT HIN,
WIE SIE IST,
SUCHT SIE NICHT ZU VERBESSERN
UND ZU BELEHREN,
SONDERN SIE
MIT WEISHEIT ZU ERTRAGEN.

CHARLES DICKENS

WAS IST GLÜCK?
EINE GRIEßSUPPE, EINE SCHLAFSTELLE, GUTE FREUNDE UND KEINE ZAHNSCHMERZEN.
DAS IST SCHON VIEL.

THEODOR FONTANE

FREUDE IST DAS **LEBEN** DURCH EINEN **SONNENSTRAHL** GESEHEN.

CARMEN SYLVA

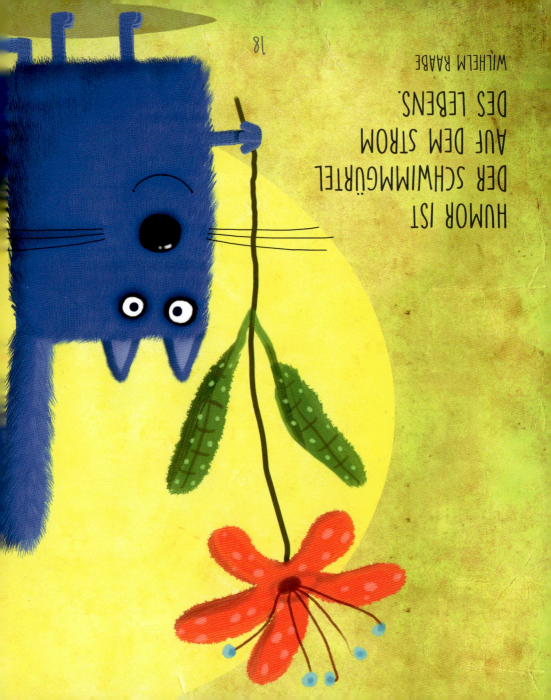

HUMOR IST DER SCHWIMMGÜRTEL AUF DEM STROM DES LEBENS.

WILHELM RAABE

Immer die kleinen **FREUDEN** aufpicken, bis das große **GLÜCK** kommt. Und wenn es nicht kommt, dann hat man wenigstens die kleinen Glücke gehabt.

THEODOR FONTANE

NEHMEN WIR UNS NICHT ZU VIEL VOR.
ES GENÜGT DIE FRIEDLICHE UND **RUHIGE SUCHE**
NACH DEM **GUTEN** AN JEDEM TAG, ZU JEDER STUNDE,
ABER OHNE ÜBERTREIBUNG UND UNGEDULD.

PAPST JOHANNES XXIII.

DAS **GLÜCK** IST NICHT
IN EINEM EWIG LACHENDEN HIMMEL ZU SUCHEN,
SONDERN IN GANZ FEINEN
KLEINIGKEITEN,
AUS DENEN WIR
UNSER LEBEN ZURECHTZIMMERN.

CARMEN SYLVA

Seelenruhe, Heiterkeit und Zufriedenheit sind die **GRUNDLAGEN** des Glücks, aller Gesundheit und des langen **LEBENS**.

Christoph Wilhelm von Hufeland

DER BESTE WEG,
SICH SELBST
EINE **FREUDE** ZU MACHEN,
IST, ZU VERSUCHEN,
EINEM ANDEREN
EINE **FREUDE** ZU BEREITEN.

MARK TWAIN

WIR KOMMEN NIE
AUS DER TRAURIGKEIT HERAUS,
WENN WIR UNS STÄNDIG
DEN PULS FÜHLEN.

MARTIN LUTHER

LEICHT ZU LEBEN OHNE LEICHTSINN, HEITER ZU SEIN OHNE AUSGELASSENHEIT, MUT ZU HABEN OHNE ÜBERMUT – DAS IST DIE KUNST DES LEBENS.

THEODOR FONTANE

ERSCHEINT DIR ETWAS UNERHÖRT,
BIST DU TIEFSTEN HERZENS EMPÖRT,
BÄUME NICHT AUF, VERSUCH'S NICHT IM STREIT,
BRÜHR ES NICHT, ÜBERLASS ES DER ZEIT.
AM ERSTEN TAG WIRST DU FEIGE DICH SCHELTEN,
AM ZWEITEN LÄSST DU DEIN SCHWEIGEN SCHON GELTEN,
AM DRITTEN HAST DU'S ÜBERWUNDEN;
ALLES IST WICHTIG NUR AUF STUNDEN,
ÄRGER IST ZEHRER UND LEBENSVERGIFTER,
ZEIT IST BALSAM UND FRIEDENSSTIFTER.

THEODOR FONTANE

LEBENSKÜNSTLER SIND BEREITS GLÜCKLICH,
WENN SIE NICHT UNGLÜCKLICH SIND.

JEAN ANOUILH

Bibliografische Informationen der Deutschen Nationalbibliothek
Die Deutsche Nationalbibliothek verzeichnet diese Publikation in der Deutschen Nationalbibliografie;
detaillierte bibliografische Daten sind im Internet über http://dnb.d-nb.de abrufbar.

Quellenverzeichnis:
Texte:
S. 7: © Alle Rechte beim Autor

Fotos:
Cover, S. 2, 6, 8, 9, 13, 14, 16, 17, 20/21, 23, 26, 27, 29, 31: © Julia Wegener/Shutterstock;
S. 4, 7, 12, 15, 22: © wegener17/Fotolia;
S. 10/11, 18/19, 24/25: © andrei_sikorskii/Fotolia

Besuchen Sie uns im Internet:
www.st-benno.de

Gern informieren wir Sie unverbindlich und aktuell auch in unserem Newsletter
zum Verlagsprogramm, zu Neuerscheinungen und Aktionen.
Einfach anmelden unter www.st-benno.de

ISBN 978-3-7462-4791-5

© St. Benno Verlag GmbH, Leipzig
Zusammenstellung: Volker Bauch, Leipzig
Umschlaggestaltung: Rungwerth Design, Düsseldorf
Gesamtherstellung: Arnold & Domnick, Leipzig (A)